오늘 같은 내일

오늘 같은 내일
은퇴기념시집

초판 1쇄 발행 2024년 7월 29일

지은이 구자훈
펴낸이 장길수
펴낸곳 지식과감성#
출판등록 제2012-000081호

교정 이주희
디자인 오정은
편집 오정은
검수 김나현, 이현
마케팅 김윤길, 정은혜

주소 서울시 금천구 벚꽃로298 대륭포스트타워6차 1212호
전화 070-4651-3730~4
팩스 070-4325-7006
이메일 ksbookup@naver.com
홈페이지 www.knsbookup.com

ISBN 979-11-392-2003-2(03810)
값 15,000원

- 이 책의 판권은 지은이에게 있습니다.
- 이 책 내용의 전부 또는 일부를 재사용하려면 반드시 지은이의 서면 동의를 받아야 합니다.
- 잘못된 책은 구입하신 곳에서 바꾸어 드립니다.

지식과감성#
홈페이지 바로가기

오늘 같은 내일

구자훈 은퇴기념시집

1부: 일상

창공을 날아라 ·· 12
봄비 오는 아침 ······································ 14
등산 ·· 16
그리움 ·· 18
바닷가 카페에서의 오수 ······················ 19
저녁 어스름 ·· 20
청춘의 봄 ··· 21
기다림의 기다림 ·································· 22
멸치 다듬기 ·· 24
일요일 산책 ·· 26
편지 ·· 27
수고 ·· 28
숲속 풍경 ··· 29
숯가마집 부부 ····································· 30
사랑하던 임이 떠나갈 때 ··················· 31
서빙고역 ··· 32
침묵 ·· 34
어머님께 ··· 36

아쉬움	38
기억 속의 아버지	39
친구에게 — 부치지 못한 편지	44
먼 길 떠나는 벗에게	47
어느 봄날	48
텃밭 이야기	50
북풍한설	52
한강을 건너며	54
성심당 견학기	56
계단 오르기	59
어느 날의 퇴근길	60
혼자 떠나는 여행	62
청주 가는 길	64
그대와의 만남	66
저녁 들녘	68
숲속 오솔길	69
잃어버린 것들	70

2부: 자연

아기 새의 가슴털 같은 눈 ·· 74
봄의 숨결 ·· 76
봄의 옹알이 ··· 77
벚꽃 세례식 ··· 78
아파트 숲속 개구리 ·· 80
나무의 꿈 ·· 82
매미 소리 ·· 84
장대비 ·· 85
죽천 바닷가 ··· 86
시월 ··· 87
가을 산책 ·· 88
바람 부는 날 ··· 90
비 오는 등굣길 ·· 92
들에 피는 꽃 ··· 93
6월의 어느 날 풍경 ·· 94
폭풍우 지나고 ··· 96
사과의 소망 ··· 98
살구나무 가로수 ·· 100

개구리 소리	102
밤이 지나가는 소리	103
코로나의 봄 — 오지 않은 봄	106
가을 스케치	108
겨울나무 1	109
겨울나무 2	110
겨울 숲속 풍경	111
봄날은 간다	112
여름날의 추억	114
언제나 그 자리에 있는 것들	116
마술 상자	117
봄의 끝자락	118
밤의 노래	120

3부: 사색

삶이 우리에게 기대하는 것 ················· 124
달팽이의 외출 ····························· 125
의(義)의 길 ······························· 132
방황(彷徨) ································ 134
하이델베르크 강가에서 ····················· 136
찬란한 가을 ······························· 138
시간 여행 ································· 140
어떤 장군 ································· 142
큰 목소리 ································· 144
살아 보니 — 내가 나에게 ··················· 145
오늘 같은 내일 ···························· 146
상실의 축복 ······························· 147
인간관계의 신비 ··························· 148
세상 속의 원 ······························ 150
여행의 즐거움 ···························· 152
깨달음 ··································· 153
미래에 대한 걱정 ························· 154
상처 ····································· 155

온 마음을 다 담아서	156
삶의 방식	157
우리가 설명하지 못해도	158
인생의 꽃	160
부재의 의미	161
오늘이 그리울 것이다	162
새로운 여행 — 은퇴쯤에서	163
가던 길 멈추고	164
늦은 후회	165
바람을 맞는 법	166
흰머리 희끗할 때	168
새로운 시대	169
누구를 위하여 좋은 울리나	170
희로애락	171
혼돈 속의 여유	172
내려놓음의 기쁨	174
행복한 인생	175

1부

일상

창공을 날아라

둥지를 갓 떠나는
어린 새 같은 마음이겠지만

두려워 말라
두려워하는 자는
하늘을 날 수 없느니라.

완벽하지는 않았지만
사랑으로
최선을 다해 키웠으니

이제 저 창공을 날아라
비둘기로, 갈매기로, 독수리로
네 날갯짓 하려무나.

너 가는 곳
쫓아가 살펴볼 수는 없지만
오고 가는 바람에
소식은 전해 들을 수 있으리

지난 세월
가슴에 고이 간직하고
이제 저 창공을 날려무나
비둘기로, 갈매기로, 독수리로

* 1999. 9. 29. 한동대 제2기 졸업생을 보내며

봄비 오는 아침

겨우내 방 안에만 있던
선인장, 난(蘭), 큰꿩의비름……
작은 화분들이
촉촉이 내리는 봄비 맞으며

창문 밖, 창틀에 나란히 앉아
내리는 봄비와
도란도란 봄 이야기
재잘댑니다.

길 건너 마당에
환하게 핀
연분홍 매화꽃 바라보며,

쑥쑥 짹짹
인사하며 지나가는
작은 새 향해
조막 같은 손 활짝 펴 흔들어 봅니다.

겨우내 쌓인
하얀 사연
하나두울
말끔히 씻어 내며,

움츠렸던 가슴
마음껏 펼쳐 봅니다.

* 2000. 3. 16. 봄비 내리는 아침, 한동대 연구실에서

등산

산 밑 자락에 작은 꽃밭 길
평탄한 오솔길 뒤로는,

계속되는 고행길
평탄치 않은 길의 연속
넘어지지 않으려고
필사적으로 발부리를 보며 걸어야 하는 길.

올라오면서 간간이 보고 느꼈던
맑은 개울, 바위, 쉴 만한 언덕,
쉬면서 즐겼던
물 한 모금, 맑은 새소리, 시원한 바람……

가쁜 숨 몰아쉬며 정상에 올라오면
정복의 기쁨도 잠시
정상은 잠시 머물다가 오는 곳
출발했던 곳 지긋이 한 번 되짚어 보고,

과정의 기억을 뒤로하고
곧 다시 내려와야 하는 고단한 여정

그래도
노곤한 육신에서 차오르는 생각은,

내려가서
쉴 수 있다는 기쁨
다시 올 수 있다는
삶의 희망.

* 2002. 7. 5. 검단산에서 아내와 함께

그리움

억새풀 나불대는
죽천의 누런 언덕과
짱짱한 푸른 하늘이
눈앞에 가득합니다.

그곳에 같이 있었던
그리운 사람들의 모습이
흰 구름 되어 피어오르고,
다정한 목소리가
바람 소리 되어 들려옵니다.

몸은 멀리 떨어져 타지에 있어도
마음은 풍선 되어
그리움을 담고,
노을빛 흥건한 흥해 벌판을 지나
포항의 언덕으로 달려갑니다.

* 2006. 10. 24. 한동대 ○ 교수님의 가을 인사에 대신해서

바닷가 카페에서의 오수

따사로운 가을 오후 햇살
황금빛 억새풀 사이로 반짝이고

삼다도 제주의 바닷바람은
허공을 휘감으며
창문 틈새를 헤집는다.

반쯤 뜬 눈으로 책을 뒤적이는데
꿈인 듯 생시인 듯
생각은 무중력의 여행을 떠난다.

세상은 다 멈추었고
나는 환한 적막 속에 앉아
생각조차 바람결에 놓아 버렸다.

* 2014. 9. 14. 제주도 애월 바닷가에서

저녁 어스름

어스름이 왔다.
잠깐 딴생각하는 사이
차창 밖으로 불현듯 찾아왔다.

낮의 광채는
까만 산그림자로
아스라이 사라지고,

어두움은
모든 살아 있는 것들의 옆으로 다가와
검은 장막으로 감싸안는다.

분주히 살았던 마음 내려놓고
이제는 쉬라고
세상으로 향했던 내 눈을 가린다.

* 2014. 10. 17. 태백에서 서울 오는 차 안에서

청춘의 봄

모처럼 짬을 내어
캠퍼스 모퉁이 벤치에 앉으니
따사로운 햇볕
온 사방에 쏟아지고

파릇파릇 새잎들과
화려한 꽃들의 향연 속에
겨우내 감추었던 속살 환하게 드러낸
물오른 청춘 남녀들이
재잘대며 하늘에 떠다닌다

매년 반복되는 봄이지만
올해도 내 마음속에는
청춘의 속살이 잠에서 깨어나
새로운 생명의 축제를 즐긴다

아~
영원한 나의 봄이여~
영원한 나의 청춘이여~

* 2015. 4. 30. 한양대 행당캠퍼스에서

기다림의 기다림

예전엔 약속 시간에 미리 나가
기다리는 시간을 아까워하다가
오히려 늦을까 마음 졸이고
종종 늦기도 했다

요즘은 약속 시간이나
출발 시간보다 조금 일찍 가서
여유 있게 기다리는
짧은 기다림의 시간을 즐긴다

아무도 나를 구속하지 않는
아무 생각도 나를 강요하지 않는
아무것도 하지 않을 수도 있는
나만의 온전한 시간

일상의 소용돌이에서 벗어나서
사람과의 관계에서 이탈해서
대중 속에서 즐기는 상상의 나래
어쩌다 맛보는 짧은 나만의 사치

언제부터인가 나는
어쩌다 생기게 될
기다리는 여유의 시간
그 짧은 기다림의 시간을 기다린다.

* 2015. 5. 2. 서울역에서 KTX를 기다리며

멸치 다듬기

중간 크기의 은빛 멸치를
소복이 쌓아 놓고
창가에 앉아서
머리 따고,
배의 검정 똥을 빼낸다.

이 많은 멸치를
언제 다듬나 생각하다가
초등학교 시절
어머니의 멸치 다듬던 솜씨,
머리 따면서 배의 검정 똥을 동시에 빼는
신기한 기술이 떠올랐다.

그 생각을 떠올리며
머리를 따면서 힘을 빼고
따는 각도를 조절하니
머리를 따면서 배의 똥이 동시에 빠지는
그 신기한 기술을 나도 할 수 있게 되었다.

멸치를 수월하게 다듬는 일조차도
인생의 경륜이 쌓여야 된다는 걸
깨달아 가는 동안,
소복이 쌓인 멸치는 어느덧
다 다듬어졌다.

그러면서 떠오르는
미래의 나의 모습,
나이 들어 늙은 어느 날 오후
따사로운 창가에 앉아서
멸치를 다듬으며
옛 생각을 하고 있겠지

* 2016. 8. 9. 양평 전수리에서

일요일 산책

주일 예배를 드리고
교회 앞 식당에서
간단히 혼자 점심 먹고,

버스 타고 잠실에 가서
이 책, 저 책 뒤적이다가
마음에 드는 책 하나 집어 듭니다

잠실 사거리 지하광장
모퉁이 의자에서
커피 한 잔 뽑아 들고

지나가는 사람 구경도 하면서
이 생각 저 생각을 하다가
사 들고 온 책을 뒤적여도 봅니다.

오늘은 윤동주의 서시,
"그리고 나한테 주어진 길을 걸어가야겠다"라는 문장이
가슴에 잔잔히 울려 옵니다

* 2016. 1. 17. 잠실 지하광장에서

편지

맞춤법 무시하고
소리 나는 대로 삐뚤삐뚤

한자 한자 꼭꼭 눌러
돌아가시기 한 달 전쯤에 쓴

내 사위여서,
내 딸의 남편이어서 고마웠다는

성경책 사이에 꽂아 놓은
장모님 편지.

사람은 죽어서 이름을 남긴다지만
이름보다 소중한 사랑을 남기고 가신,

어머니 사랑이 불현듯 그리워
먼 산 바라봅니다.

* 2017. 3. 22. 장모님을 생각하며

수고

텃밭에 나가 일을 하다 보면
자연의 수고에 비해
내 수고는 어린아이의 수고더라

개미굴 입구에 모아 놓은
몽글몽글 흙더미를 보면
내 수고는 티끌의 수고더라

쑥쑥 자라는 채소
뽑아도 계속 나오는 잡초를 보면
내 수고는 스쳐 가는 바람 같은 수고더라

* 2020. 7. 28.

숲속 풍경

주일 오전
산 밑 작은 집 창가에 앉아
휴식의 시간을 갖습니다.

가볍게 흔들리는 나뭇가지들 사이
환하게 불 밝힌 여백의 하늘이
온 산을 품 안에 품습니다.

풀벌레 소리 잔잔히 울려 퍼지고
작은 새 나뭇가지 사이로 날아오를 때
바람은 나뭇잎들을 가볍게 흔들고 갑니다

어느 것 하나 자기를 과하게 드러내지 않고
숲속 풍경의 한 부분을 이루며
고요한 숲의 평온함 속에 하나가 됩니다.

오늘은 나도
숲속 평온함의 일부가 되어 봅니다

* 2017. 7. 9. 양평 전수리에서

숯가마집 부부

굵은 참나무로
참숯 굽는 숯가마집에
일 년여 만에 찾아와 보니

죽음의 경계를
갔다 온 안주인이
편안한 웃음으로 맞아 주고

처마 밑 양지에
앉아 있던 바깥주인도
반가운 얼굴로 우리를 맞아 주네

굴뚝 연기 올라가는 풍경은 그대로인데
인생의 연륜이 훌쩍 흘러 버린
숯가마집 시간의 순간이동

* 2020. 7. 17. 양평 단월면의 숯가마집에서

사랑하던 임이 떠나갈 때

가슴은 오므라들고,

바닥은 허물어져 내리고,

생각은 마비되고,

세상에 홀로 버려져,

내 존재도 산산이 깨어지네.

* 2020. 3. 10. 먼저 간 아내를 생각하며

서빙고역

서울 한복판 한강 변
서빙고역 플랫폼에 가면
30여 년 전에 보았던
시골 간이역 풍경 속에서
신혼 시절의 그녀가
기차를 기다리고 있다.

햇빛 환한 여러 개의 철길에
오가는 기차 거의 없고
오가는 사람도 적은데,
낮은 아파트 단지를 배경으로
옛 시골 간이역 풍경은
멈추어진 시간 속에 그대로 있다

소소한 행복과
희망찬 미래를 꿈꾸던 신혼 시절
교회 갔다 돌아가는 길에
시골 간이역 그 풍경 속에서
단아한 모습의 그녀는

내 팔짱을 끼고 한가로이
기차를 기다리고 있다.

세월이 흘러 나이 들고
겉모습도, 생각도 조금 변했었지만
생기 넘치는 젊은 날의 그녀는
서빙고역 그 풍경 속에서
옛 모습 그대로
기차를 기다리고 있다.

* 2018. 5. 25. 서빙고 온누리교회에 갔다가

침묵

날마다 정겹게 살아가던 임은
어느 날 멀리 떠나갔지만

떠나보내는 마음은
흔들리는 풍경 소리처럼
하늘에 흩어지고

주변 풍경 속으로 사라지고
내 영혼 속에는
메아리 없는 고요만 남아 있네.

날마다 살갑게 살아가던 임은
어느 날 홀연히 떠나갔지만

떠나보내는 마음은
새벽안개처럼
온 세상에 흩어지고

일상의 풍경 속에 사라지고
내 영혼 속에는
대답 없는 침묵만 남아 있네.

* 2021. 1. 4. 아내를 생각하며

어머님께

많이 서운하셨나요?
많이 아쉬우셨나요?
저도 서운했어요
저도 아쉬웠어요.

자식은 작은 새와 같아서
꼭 쥐면 숨을 못 쉬고
느슨하게 쥐면 날아가 버린다 했는데.

훨훨 날아다니게 두시지
뭐 그리 꼭 쥐고 싶으셨어요
자유롭게 날아가게 두면
더 자주 놀러 오기라도 했을 텐데.

편안하시지요
욕심이 필요 없는 하늘나라에 계시니
편안하시지요

저도 욕심 내려놓고 살려고 해요

편안하게 살려고 해요
인생이 한 번 왔다 가는 거잖아요

잘 키워 주셔서 감사하다고
사랑한다고
말씀드리지 못해서 아쉬워요

다시 뵈어요
편안하게 하늘나라에서……

* 2017. 11. 5. 어머니를 생각하며

아쉬움

아내 아파서 투병할 때,

한강이 보이는 멋진 곳으로 가자 할 때,
가까운 곳으로 가지 않고
가고 싶어 하던 63빌딩에 갈걸……

큰 병원에서 더 해줄 것 없다 할 때
대안적 치료를 한다고 더 고생하지 말고
가까운 전원에 가서 편안히 쉬게 할걸……

건강했을 때
좀 더 많이 손잡고 동네를 돌아다니고,
좀 더 많이 맛있는 것 먹으러 다니고,

좀 더 많이 여행을 같이 다니고
좀 더 많이 마주 앉아서 이야기를 나눌걸

좀 더 많이……

* 2017. 10. 어느 날

기억 속의 아버지

중학교 때 일요일이면 도시락을 싸서
아버지가 일하시던 면목동 채석장
기계실에 갖다드리곤 했다

기계실 근처에 상추, 오이, 호박을 키우셨고
채석장의 인분을 모아서 채소밭에 주셨다
초등학교도 못 나온 사람이
원동기 자격증을 따서 일하시는 것을
자랑스러워하셨다

창신동 돌산 밑에 무허가 판잣집을 헐고
빨간 벽돌 이층집을 지으셨다
공사를 맡으셨던 집안 어른께서
집 지은 공사비를 받은 날
술을 마시고 집에 가시다가 받은 돈을 잃어버려서
어머니와 함께 엄청 속상해하셨다

돌산 절벽 바로 밑
우리 집 위의 터를 사서

그 터 위의 위태로워 보이는 큰 돌을
돌산 위에서 줄을 매고 내려와 깨뜨려
텃밭과 휴식 공간을 만드셨다

그 큰 돌이 떨어질 때
옆집 ○○네 집을 덮칠 뻔했던
아슬했던 순간을 얘기하시며 한동안
돌 깨는 기술과 업적을 자랑하셨다

고3이 되던 어느 날
손목 관절염으로 뜸을 뜨시면서
"네 대학 등록금은 준비해 놓았다"라며
공부 열심히 하라고 말씀하셨다

그러곤 채석장을 그만두고
동네 복덕방에 나가기 시작하셨다
복덕방에서도 아주 열심히 일하셔서
주변 사람들의 신뢰를 받는다고
자랑스러워하셨다

대학 때 늙으신 뒷모습을 우연히 보았다
봉천사거리 부근 복덕방에서 아버지가
화투 치는 사람들과 같이 계시다가
(물론 아버지는 화투를 치지 않으셨다)

경찰이 들이닥치자 황망히 골목으로
나가시는 뒷모습을 보았다
낡은 잠바에 꾸부정한 등, 힘없는 걸음걸이
나이 드신 아버지의 초라한 뒷모습을
처음으로 직접 보았다

우리 아이들 어렸을 적에
석수동 주공아파트 놀이터 앞에 살 때,
일주일에 한두 번
애들을 돌봐 주러 오셨다

어느 날 일찍 퇴근하면서 보니
어린 손녀를 포대기로 등에 업으시고
손자에게 자전거를 가르쳐 주시던 모습이

눈에 짠하게 들어왔다
애들과 정말 즐거워하셨고 행복해하셨다

포항에 내려가서 살 때
류마티스 관절염이 온몸에 퍼지고
하루 종일 침대에 누워 계셔야 할 때
대소변을 아내가 받아 내야 했다

때로는 학교에서 일찍 온 손녀가
할아버지 대소변을 치우기도 했다
나중에는 아내를 엄마라고 생각하신다며
많이 고마워하고, 미안해하셨다

진통용 마약 패치를 붙이고 지내실 때
가끔은 검은 옷의 사람들이 방에 들어왔다고
헛것을 보시고 많이 무서워하셨다

내가 직장을 서울로 옮긴 것을 좋아하셨고
친척들이 있는 서울로 돌아와서

행복하다 하셨다

중환자실에 계시는 것을 싫어하셨는데
결국은 중환자실에서 돌아가셨고
가실 때는 편안하게 가셨다

살아 계실 때 더 많이 대화하고
"잘 키워 주셔서 감사하다"라고
"자랑스러워하셔도 되는 삶을 사셨다"라고

그리고 "사랑한다"라고
전해 드렸어야 했는데 그러지를 못했다
지나고 보니 그게 제일 아쉽다

* 2018. 9. 30. 아버지를 생각하다가

친구에게
— 부치지 못한 편지

가끔 네 생각이 날 때면
우리 집이 있던 창신동 산동네와
너네 집이 있던 응봉동 언덕 위 아파트가 생각난다

그리고 청량중학교로 전학을 간 첫날
청소 시간에 창틀에 퉁명스럽게 앉아서
유리창을 닦던 네 모습이 떠오른다

시험 때면 시험공부 같이 한다고
우리 집으로, ○○이네 집으로,
너네 집으로, 아니 너네 형네 집으로

청량리 유곽을 지나 ○○네 한옥 집으로
몰려다니던 시절도 생각난다
내 인생에 철없고 걱정 없던
가장 즐거웠던 시절이었지

네가 공고를 가고,
졸업 후 명동 구둣방에서 일하다가

어느 날 멀리 제주도 카지노로 가고
정선으로 가더니

이제는 그래도 가까운 안산으로 이사 왔는데
그동안 살아왔던 길이 많이 다르고
처한 상황도 많이 다르다 보니
서로 자주 보지를 못하는구나

아내가 투병하던 어느 날
경제적으로 어려운 상황이었는데도
비싼 과일 바구니 사 들고
집으로 병문안 왔던 모습이 선하구나

술 한잔 같이 나누는 날이면
두 입술을 힘주어 다물고 있다가
마음에 있던 네 생각을 힘주어 이야기하던
모습도 눈에 선하구나

경제적으로 어렵고 힘들더라도

대쪽같이 꿋꿋했던 옛 네 모습을
잃지 않았으면 좋겠고
건강도 잘 챙겼으면 좋겠구나

노후에 큰 어려움 없이
종종 얼굴 보며 살면 좋겠구나
건강하거라

* 2017. 12. 14. 시청별관 카페에서 덕수궁을 내려다보며,
이 친구는 2019년 가을 세상을 떠났다.(「먼 길 떠나는 벗에게」 참조)

먼 길 떠나는 벗에게

가을 한기에
용인 골짜기 선뜻한데

산은 이제
노란색으로 물들어 가는데

그대 무엇이 급하여
먼저 먼 길 떠나는지

옛날처럼 밤늦도록 얘기하며
하룻밤 더 묵어가지

돌 같은 믿음으로
반듯하게 살자 했는데

그대 무엇이 그리 급하여
일찍 먼 길 떠나는지

* 2021. 9. 19. 추석 연휴 첫날, 「친구에게 — 부치지 못한 편지」 시의
친구 상석(相碩)이를 보내며

어느 봄날

느지막이 일어나
앞뜰 텃밭에 나가
겨우내 단단해진 흙을 뒤집고
돌도 골라낸다

마당 한편에 있던 퇴비를
여기저기 부어 놓고
부드러워진 흙들과
골고루 섞어 준다

아직은 쌀쌀한 봄바람
이마를 스치지만
따스한 봄볕과 훈훈한 흙 향기로
어느새 촉촉해지는 몸과 마음

일을 마치고
흙과 먼지를 털어 내는 동안
딱딱했던 마음속 분진도
저절로 털려 나가 환해진다

앞뜰 텃밭에
해 준 것 별로 없지만
봄의 생명력이 보답으로 돌아온
나른한 어느 봄날

* 2018. 3. 26. 부산 가는 SRT에서

텃밭 이야기

작년 초봄,
터를 잡은 로즈마리는
겨울을 잘 버티더니
또다시 푸르르게 뻗어 나간다

추위를 버틴 루꼴라는
아~~
대견스럽게 꽃을 피우더니,
씨방을 빵빵하게 부풀리고 있다

당귀, 겨자, 치커리도
자연의 쓴맛을 풍기며
당당하게 다시 무성해지고,

부추도 건강하게
서로의 간격을
좁혀 나가고 있다

어쩌다, 지난 늦가을 땅에 떨어진 상추 씨들도
추운 겨울 내내 비닐 안에서 움츠리고 있더니

봄을 맞아 싹을 틔우고
상추쌈의 존재감을 드러내고 있다

올 초봄,
밭 귀퉁이에 새로 옮겨 온
오레가노도 부쩍부쩍 크고 있다.

인간들과는 다르게 서로 잘 어울리며
텃세도 부리지 않고, 토라지지도 않고
자기들의 의무를 다하고 있다

때론, 버티지 못해 줄기가 휘어져서
땅에 드러누우면서도
자기 할 일을 다 하고 있다.

텃밭의 살아 있는 이야기를 듣는
우리는
행복한 부자다!

* 2017. 5. 5. 양평 전수리에서,
인생의 동반자가 보내 준 카카오톡 내용을 시로 정리

북풍한설

영하의 찬 바람 부는 자정 무렵
송년회로 늦게 나와 집에 가려는데
지나가는 택시도 없고
호출 택시도 응답이 없다.
핸드폰을 들여다보는
좀비들만 거리를 서성인다

날씨도 이렇게 추운데
40분 넘게 길거리를 헤매는데
집까지 걸어갈 수도 없고
아무 데서나 잘 수도 없고
어떻게 하지를 되뇌며
나도 좀비 되어 거리를 서성인다

인생의 길목에서
북풍한설로 주변과 단절되어
어떻게 하지를 되뇌며
홀로 외롭게 버려져
자아 상실의 상태가 되었던
절망의 시절이 있었다

가까운 사람을 멀리 떠나보내고
세상 속에 홀로 남겨져
어떻게 하지를 되뇔 때
마음의 고통은
실제 심장의 고통으로 체화되어
아무것도 할 수 없었던 시절이 있었다

그러나
죽을 것 같았던 절망과 고통의 아픔도
그 시기를 온몸으로 버티고 나면
새 힘으로 살아가게 되는 삶의 신비를
연말 추운 겨울 거리가
다시 한번 깨닫게 해 준다

* 2018. 12. 30.

한강을 건너며

출근길
투명한 아침 태양이
반짝이는 은하수 되어 흐르는 한강을
전철을 타고 건넌다

세계의 어느 강에서도 볼 수 없는
빛나는 장관이다.

퇴근길
주황색 저녁 태양이
뜨거운 용암 되어 흐르는 한강을
전철을 타고 건넌다

세계의 어느 도시에서도 볼 수 없는
황홀한 장관이다.

출근길
퇴근길
하루에 두 번

장관의 한강을 건너는데,

전철 안의 사람들은 모두들
핸드폰을 보느라 고개 숙이고 있다.

이 멋진 장관보다 더 매력적인
무엇을 찾고 있을까?

* 2018. 7. 25. 2호선으로 출퇴근하면서

성심당 견학기

대전역에서 KTX를 타는 사람들은
누런 종이 백을 하나씩 들고 탄다
그 종이 백에서는
침샘을 자극하는
향기로운 냄새가 폴폴 풍겨 나온다.

야간 논문 세미나 시간에
대전에 직장이 있는 한 학생이
어느 날 맛있는 냄새 폴폴 풍기는
누런색 종이 백을 들고 왔다
튀김소보로의 향연이 펼쳐졌다.

이 주에 한 번 열리는 세미나 시간이면
조금 늦게 들어오는
학생의 손에 들려 있는
누런색 종이 백이 기다려졌고
세미나 시간은 파티 시간이 되었다

무더운 7월의 오후

대전 중앙로 성심당 2층 카페에서
향기로운 빵과
커피 한잔을 홀로 즐기는
여유로운 시간을 가질 수 있었다.

교복 입은 청소년들,
잔뜩 멋을 낸 젊은 연인들,
옛 친구들과 마실 나온 어르신들까지
다양한 연령층의 사람들을 구경하며
즐거운 망중한의 시간을 보낸다

프랑스 밀가루를 직수입해서
파티시에가 빵을 만드는 곳도 있지만
지방의 원도심 한 장소에서
50년간 전통과 맛을 이어 온
지역 빵집이 주는 행복을 누린다.

우리나라 중소 도시 원도심에
지역 주민들이 즐겨 찾고

지나가던 관광객도 쉬어 가는
귀한 지역 명소들이
여기저기 생겨나기를 소망해 본다

* 2018. 7. 10. KTX로 서울 오는 길에

계단 오르기

아이가 산동네
가파른 계단을 오른다.
시선은 발끝을 바라보며
낮은 곳에서 저 높은 곳으로 오른다.

성큼성큼
씩~~씩~~
영혼의 상승

가파른 계단 끝
더 이상 올라갈 수 없는
높은 곳까지
단번에 오른다.

환희의 순간
계단 아래 세상을 정복한
승리의 마음에
아이의 얼굴에 햇살이 퍼진다.

* 2021. 5. 16. 누군가의 시 모티브를 따서 정리

어느 날의 퇴근길

어둠이 보슬비 내리듯 건물 위로 내리고
하나둘 불 켜진 아파트 창문에는
가족의 귀환을 기다리는 그리움이
밝혀 놓은 거실 불빛을 타고
환하게 퍼져 간다

며칠간의 추석 연휴가 시작되는
토요일 저녁 퇴근길이어서
고가를 달리는 2호선 전철 안
형광등 불빛도 차분하고
사람들의 표정도 여유롭다

명절이면 왁자지껄하던 가족 모임도
집안 어른들 돌아가시고
조카들도 결혼을 하고 나니
어느덧 시들해져
어느덧 문자메시지 인사로 대체되었다

먼 곳에 있는 아내

외국에 있는 아들 내외를 그리워하며
반찬 가게에서 국, 전, 나물을 사 들고
하나 남은 딸과 단란한 저녁을 위해
집으로 발길을 재촉한다

* 2018. 9. 22. 추석 전날 퇴근길에

혼자 떠나는 여행

(1)

아내를 떠나보내고,
수년이 지나서야 비로소
인생은 혼자 떠나는 여행임을 깨달았다.

학교와 교회 사역
나와 아내 가족들의 대소사,
이런 큰 틀에서 벗어나지 않는
규칙 속의 역할을 별 무리 없이
감당하며 사는 것이 삶이라고 생각했다.

(2)

모든 상황 판단을 혼자서 해 가면서,
일상사에 크게 얽매이지 않는 상황도 되었지만,
세상을 떠날 때는
모든 것 내려놓고 간다는 깨달음은

내 영혼을 자유롭게 해 주었다.

혼자서 밥 먹고, 장 보고
많은 것에 크게 얽매이지 않고,
혼자만의 시간을 즐기게 되었다.
주어진 상황을 받아들이며 살다 보니
인생을 돌아볼 수 있는 여유도 갖게 되었다

* 2018. 9. 어느 날, 잠실 광장에 앉아서

청주 가는 길

30대 초반 박사과정 시절
청주에 있는 대학에 강의를 하러 다녔다.
1박 2일 일정으로 2년은 넘게 다녔다.

신설 학과라 교수 채용이 곧 있을 거라 했다.
강의하러 가는 길은 꿈의 길이었고,
청주는 희망의 도시였다.

교수 채용은 1년 반이 지나서 이루어졌고
채용 심사 과정에서 돌발 상황이 생겨
다른 사람이 교수로 뽑혔다.

그 후로 가끔 청주로 가는 길은
아픈 추억의 길이었고,
청주는 절망의 도시가 되었다

흰머리 희끗한 어느 아침 청주를 가는데
희망의 도시와 절망의 도시였던 기억이
30년이 지났는데도 스멀스멀 피어오른다.

이제 돌아보면
옅은 미소가 배어 나오는
아름답고 아련했던 나의 청춘 시절.

* 2021. 12. 16. 도시재생 행사 가는 길에 고속버스에서

그대와의 만남

그대와의 만남은
가슴 콩닥이는 설렘,
잠 못 이루는 밤이었다.

그대와의 만남은
달콤한 솜사탕,
풍선 되어 떠나는 소풍이었다.

처음이자 마지막 입맞춤은
헤어짐의 아픔이었고
운명이 되었다.

강산이 수십 번 바뀐 후
그대와의 만남은
기대감, 설렘, 편안함~

그대를 다시 만남으로
얼었던 마음 아이스크림처럼 녹고
기쁨의 눈물 다시 흐른다.

그대 안에 있음은
따뜻한 나른함, 행복함, 충만함,
지상에서 맛보는 천국.

홍조 띤 그대의 얼굴에는
어릴 때의 청순함과
기쁨의 장미꽃이 피어난다.

* 2014. 11. 15.

저녁 들녘

때론 온 들녘 비추는
부드러운 햇살로
때론 쏟아붓는 소나기로

온 마음 감싸안으며
나를 품어 주던
저녁 들녘

서쪽 하늘 온통 붉게 물들이며
살며시 위로해 주시던
주님의 음성.

오늘도
그 음성 그리워
노을 진 들녘으로 나아갑니다.

* 1999. 6. 16. 한동대에서

숲속 오솔길

숲속 오솔길을
혼자 걷다가
주님의 음성을 들었습니다

탕자의 마음 되어
먼 하늘 바라볼 때
어디선가 들려오는 주님의 음성

"내가 너를 사랑한단다"
살며시 들려오는
가슴 벅찬 속삭임

저녁 하늘
온통 붉게 물들이며
들려주시던 주님의 음성

세상에서 잃은 마음의 평안을
아무도 없는
숲속 오솔길에서 찾았습니다

* 1999. 10. 한동대에서

잃어버린 것들

어느 날 회의 중에 갑자기
오른쪽 입술 감각이 이상해지고

오른쪽 얼굴 전체가 내 살이 아닌 것 같고
오른손이 저리기 시작했다.

왼쪽 뇌의 0.8센티가 죽었단다
마비가 전체로 퍼지지 않고 다행히 풀렸단다

소위 미니 스트로크이다
감각의 일부를 잃어버렸다.

그런데 가만히 생각해 보니
그날 처음 감각을 잃어버린 것은 아니었다

나이를 들어 가면서
잃어버렸던 많은 감각과 느낌들.

하늘하늘 코스모스에 마음 빼앗겼던
청춘의 나긋한 취향

짧은 기차 여행에도
가슴 콩닥거리던 젊은 시절의 설렘

명화의 전당 시그널 음악에
가슴 뭉클하던 감동

흘러가는 흰 구름에 흘려보냈던
많은 시선과 몽상들

힘차게 내리는 빗줄기를
하염없이 바라보는 무념의 마음

놀이터에 뛰노는 아이들을
바라보며 지었던 입가의 미소

신체의 일부 마비로
잃어버린 것도 있지만

잃어버렸다 다시 되찾은
옛 감각과 기억도 있었다.

* 2019. 10. 25.

2부

자연

아기 새의 가슴털 같은 눈

아기 새의 가슴털 같은 눈이
새벽부터 조용히 내린다.

길을 걷는 사람들도
고개 숙이고 얌전히 걷고

무서운 속도로 달리던 차들도
살살 기어간다.

멀리 남한산성의 산자락은
눈발에 아스라하고

회색의 한강 물 위에도
하얀 설원 벌판이 만들어진다.

도시의 모든 화려한 색들이
흰색으로 옅어졌고

온 세상은 겸손히 고개 숙이고

눈을 맞는다.

사람들의 마음은 언제나
이렇게 얌전해지려나……

아기 새의 가슴털 같은 흰 눈이
온 세상을 겸손하게 만든다.

* 2014. 12. 22. 아침 출근길에

봄의 숨결

애인의 숨결 같은 바람
성에 녹이듯 온몸을 녹이는 따뜻함
양지 녘 이름 모를 풀들의 속삭임

눈 내리듯 쏟아지는 벚꽃잎
울려 퍼지는 여수 밤바다
하얀 속살 드러내고 다니는 청춘들

대기를 감싸는 생명의 기운
봄 향기에 취하여 걷는 산책

달빛을 타고 가는 구름
달빛에 젖어 반짝이는 새순들

발정 난 고양이의 하이 톤 울음소리
머리카락 헤치고 흐르는 냇물

졸졸 흐르는 맑은 물소리
온몸에 흐르는 봄의 숨결

* 2017. 10. 29. 김용택 시집을 읽고서

봄의 옹알이

봄은 아기 입의 옹알이다.

가지마다 작은 입 벌려 파릇파릇
끊임없이 작은 잎 뱉어 낸다.

작은 입 모양 꽃봉오리에는
오물오물 예쁜 꽃잎들의 은밀한 속삭임.

뾰족 내민 입술로
아기가 입맞춤하듯

새잎과 새 꽃잎은
하늘과 촉촉한 입맞춤한다.

온몸이 나른해지는
봄의 옹알이

봄비 속의 황홀한 입맞춤.

* 2015. 4. 6. 봄비 내리는 주일 아침

벚꽃 세례식

잔인한 달
4월의 상순

차가운 고층건물 숲 잠실에
홍조 띤 순백 벚꽃 꽃비로 내린다.

겨우내 죽은 듯 있던
가로수와 꽃나무 가지엔

봄볕에 반짝이는 새잎들이
벚꽃잎 세례 받으며 세상에 나온다.

차가운 겨울 광풍 속에서도
꿋꿋이 살아 있었다고……

하늘과 땅도 이때를
준비하고 있었다고……

차가운 물질문명의 정글 속에서

화려한 새 생명의 세례식 펼친다.

아~ 살아 있음의 기쁨
아찔한 봄의 향연.

* 2016. 4. 10. 동네 세인트 앤드류스 카페에서

아파트 숲속 개구리

서울 강남 한복판
고층아파트 숲속
초여름 어스름 저녁

단지가 떠나갈 듯
골골골골~
개구리가 떼창을 한다

자연이라곤,
건물 숲 사이로 보이는 높디높은 조각하늘
지나가는 구름 간신히 붙잡고 있는 참나무들

그 나무 그림자 밑에
초봄 단지를 잠시 물들였던 철쭉, 영산홍
도심의 솜털 먼지 뒤집어쓴 잔디
그리고 단지 안 공원의 작은 연못

연못가 물그림자에
아들, 손자, 며느리 모여 앉아

지나가는 인기척과 숨바꼭질하며
골골골골~
신나게 단지를 울려 댄다

아파트 단지가
이 세상의 전부인 양~
이 세상이 자신들만의 무대인 양~
낭랑한 합창을 한다

골골골골~

* 2015. 8. 16. 동네 세인트 앤드류스 카페에서

나무의 꿈

내가 나무라면
이런 모습의 나무이면 좋겠네.

너무 크거나
너무 작지도 않지만
단단한 목질의 꼿꼿한 나무

여름이면,
마을 사람 전체는 아니어도
주변 사람에게 그늘과 쉴 곳을 제공하는 나무

가을이면,
화려하지는 않지만
저녁노을 같은 빛깔의 단풍이 드는 나무

겨울이면,
나뭇가지 수형이 모나지 않고
균형 있게 하늘의 여백을 품은 나무

봄이면,
살랑이는 봄바람에
새잎과 꽃향기가 은은히 풍기는 나무

* 2017. 11. 어느 날

매미 소리

매미가 온 세상을 자기 배 속
울림통에 넣고 울려 댄다.

온 세상이 매미 울림통 안에서
온몸으로 매미를 흔들어 댄다.

맴~맴~맴~
매~엠

매미도 온몸으로 울어 대고
세상도 온몸으로 흔들어 댄다.

* 2019. 3. 25. 시집을 읽고 힌트를 얻어서

장대비

중학교 때이던가
여름방학에
강화도 할머니 댁 사랑채
툇마루에 앉아 있었는데
주변에 사람 하나 없었는데

장대비만 굵은 발을 쳐 놓은 것처럼
마당에도, 들판에도
쏴아~~~~
쏴아~~~~
온 세상 가득 내리고 있었다

나는 그 장대비를
하염없이~
하염없이~
넋을 놓고
바라보고 있었다

* 2017. 11. 어느 날

죽천 바닷가

정신없이 뛰어놀던 아이들의 웃음소리
둘이 걸으며 만들어 놓았던 나란한 발자국.

가족들과 나누었던 하늘의 별 같은 이야기들
달빛 쏟아지던 평화로운 바닷가.

낮은 먹구름에 소금기 머금은 바람
보랏빛 바다에서 쉼 없이 밀려오는 하얀 파도.

소나무 숲에 장엄하게 쏟아지던 소낙비
상심한 마음 끝없이 받아 주던 그 바닷가.

이 모든 것 아직
죽천 바닷가 모래밭,

소나무 숲에 가면
그대로 남아 있겠지.

* 2018. 4. 13. 포항 시절을 회상하며

시월

분주했던 생각
회색 도시에 내려놓고

주말 텃밭에 오니
상추, 쑥갓, 치커리, 올망졸망

잔디 마당엔
고추잠자리

파란 하늘엔
흰 구름

* 2018. 10. 5. 양평 전수리를 생각하면서

가을 산책

(1)
유난히 뜨거웠던 여름
헉헉거리며 시원한 곳 찾아다니고

아이스아메리카노를
위로 삼으며 지내는 동안,

담장 옆의 텃밭 고추들은
태양의 정열을 담아 빨갛게 익고

뒷산의 밤송이들은
주먹만 한 초록색 고슴도치로 달리고,

들판의 벼 이삭들은 어느새
온 들판 황금색으로 가득 메우고 있네.

(2)
들판의 모든 사물은

투명한 햇빛과 살랑이는 바람 속에
멈춘 듯 정적 속에 있는데,

파아란 하늘 가득
하얀 구름들은
바람결에 천천히 제 길을 간다.

모든 만물들이 세월의 이치에 따라
차근차근 결실의 열매를 맺고
또 다른 계절을 준비하는 가을에,

바쁜 일상에 허덕이던 나그네는
모처럼 가을 들판의 정적 속에서
먼 산 위의 구름을 바라보네.

* 2016. 8. 31. 양평 전수리에서

바람 부는 날

마당에 떨어진 낙엽 몇 개가
초겨울 몰아치는 바람에
이리저리 움직이다가
미친 듯이 어디론가 달려간다

집 옆 숲속 큰 나무들은
하늘을 향해 가지를 펴고
노를 젓듯 제각기
바람에 좌우로 흔들린다

키 큰 나무들이
하늘을 천천히 젓는 힘으로
마당과 함께 나도
옆으로 천천히 항해를 한다

흘러간다
일상의 시간은 빨리 흘러가지만
인생이라는 시간은
천천히 큰 흐름으로 흘러간다

때론 폭풍우 치는 바다를
파도 뒤집어쓰며 간 적도 있지만
잔잔한 바다에 몸을 맡기며
고요히 흘러간 시간은 얼마나 되던가

바람이 분다
마당의 낙엽은 이리저리 부산하지만
집 옆에 키 큰 나무들은
망망한 하늘을 느긋이 항해한다

* 2018. 12. 16. 양평 전수리 거실에서

비 오는 등굣길

아침 봄비
토닥토닥

향기로운 흙 내음
폴~ 폴~

떨어지는 벚꽃잎
살랑살랑

우산 속 아이들
도란도란

나무 위에 까치
까악까악

봄비 내리는
초등학교 등굣길

* 2019. 4. 25. 비 오는 아침 출근길에

들에 피는 꽃

들에 피는 꽃은
다른 꽃과 자신을 비교하지 않는다

크기도, 모양도, 색깔, 향기도……

들에 피는 꽃은
타고난 자기 모습 그대로 자란다

그래서 제각기 예쁘다

너도 그렇고
너도 그렇다

* 2018. 9. 24. 추석 때 누님 댁 두 손자와 손녀가 노는 모습을 보고

6월의 어느 날 풍경

뻐꾹 뻐꾹,
찌~찌~,

삐삐 삐삐,
삐~익 삐~익,

쑥쑥 쑥쑥 쑤~욱,
짹짹 짹짹,
째째 짹 째째 짹,

쪽쪽쪽쪽쪽쪽 쪽,
찌~익 찌~익,
찌찌 쫑 찌찌 쫑,

뽀롱 뽀롱 뽀롱 뽀롱 뽀롱,
깍 깍 깍 깍 깍 까악

그리고 아랫마을에서
간간이 들리는 소리

꼬끼오~옥, 꼬끼오~옥,
컹컹 컹컹,
웡 웡 웡

* 2019. 6. 8. 양평 전수리에서

폭풍우 지나고

태풍이 몰려오고
비바람 낮밤으로 세차게 불어 대더니
언제 그랬냐는 듯,

출근길 아침 햇빛은 짱짱하고
파란 하늘에는 흰 구름,
한강에는 구릿빛 강물이 힘차게 흐르네

여기저기 건물들은
찬란한 햇빛을 맞으며
가슴을 펴고 고개를 내민다.

아~~
서울의 하늘이 이렇게 맑았구나
서울의 산들이 이렇게 푸르렀구나
한강은 이렇게 도도히 흐르고 있었구나

태풍이 되돌려준,
맑고 찬란한 서울의 자연

잊고 있었던 서울의 아름다움

* 2022. 9. 6. 힌남노 태풍이 지난 다음 날 아침에

사과의 소망

살얼음 땅 밑
차가운 정기를 모아
열매의 소망을 꿈꾼다

소망은 메마른 가지에
흰 꽃으로 맺히고
벌을 유혹하여 생명의 씨앗을 잉태한다

한 방울 새벽이슬과
한낮 태양의 열정을 빨아들여
열매는 단단하게 체화되어 간다

폭풍우와 폭염을 맨몸으로 견디어 낸
열매는 드디어
빨간 한 알의 사과로 완성된다

그러나
한 알의 열매로 완성된 사과는
또 다른 소망이 있었다

자신의 몸은 썩어 사라지고
한 톨의 씨로
땅에 묻히는 것

땅과 하늘의 정기를 모두 되돌려주고
새 생명이
세상을 살아가게 하는 소망

* 2019. 12. 18. 진주 LH 본사를 오가는 기차에서

살구나무 가로수

마을 입구 작은 실개천 옆
아스팔트 포장도로 양쪽에
두 줄 가로수로
살구나무가 멋지게 자리를 잡았다.

봄볕 따사로운 날
잎 하나 없는 메마른 가지에
작은 연분홍 꽃이
벚꽃처럼 가지마다 환하게 피었다.

진한 향의 밤꽃이 환하게 피는 초여름
풍성한 잎을 자랑하며
다른 나무들보다 먼저
노란 열매를 가지마다 오밀조밀 맺었다.

그러던 한여름 어느 날
남보다 먼저 노랗게 익은 열매들은,
후드득 떨어져서
나무 밑에 여기저기 뒹군다.

도로 양쪽에 떨어진
약재로도 쓰이는 귀한 열매들은,
행인의 발에 채어 뒹굴고
지나가는 차에 밟혀 터진다.

결실의 계절이 되어서야
제자리를 잘못 잡았음을,
지난 수고가 헛된 것이었음을 깨닫는
가로수 살구나무의 서글픈 운명.

결실의 계절이 되어서야
내 삶의 제자리가 어디였던가,
비로소 되돌아보게 되는
황혼 무렵의 우리네 인생.

* 2019. 12. 27. 양평 전수리 들어가는 길에서

개구리 소리

벼들이 자기 키 키우려 바쁜 초여름 밤
개구리들이 온 세상을 흔들어 댈 듯
온몸으로 울어 댄다

골골골골~
개굴개굴개굴개굴~
골골골골골~

나는 언제 저렇게
온 세상을 흔들어 댈 듯
온몸으로 절절히 울어 보았던가

나는 언제 한번 저렇게
온 세상 흔들어 댈 듯
온몸으로 절절히 울 때가 있을까

* 2020. 7. 17. 양평 전수리에서

밤이 지나가는 소리

선선한 밤바람에
마당 위
별빛이 흔들리는 소리

앞마을에 내려앉아 있던 별
밤안개에
젖어 드는 소리

향긋한 소나무 내음
산자락에
은은히 퍼지는 소리

지축을 흔들어 대며 울던
논 개구리
잠자리 찾아가는 소리

숲속 상수리나무 가지에
새 움이
돋아나는 소리

마당의 두릅나무 뿌리
땅속을
파고드는 소리

나무줄기 속 수관
밤새 물을
빨아올리는 소리

어스름 새벽안개
산허리를
감싸는 소리

들판에 새벽이슬
들풀 잎에
차분히 내려앉는 소리

부드러운 아침 햇살
앞마당에
조심스레 올라오는 소리

텃밭 마늘 대
그림자 길이가
점점 줄어드는 소리

땅 밑 배추 애벌레
아침잠에서
깨어나는 소리

* 2020. 2. 27. 양평 전수리에서

코로나의 봄
— 오지 않은 봄

연분홍 진달래 산허리 물들이고
작은 새들 먹이를 찾아
들판 분주히 날아다닐 때

벚꽃 환하게 핀
초등학교 등굣길에
재잘대며 학교 가던 아이들이 없어졌다

벚꽃잎 꽃비 되어 흩날리고
학교 앞마당에 영산홍
원초적 색으로 피었는데

운동장에 봄볕 따스하고
작은 모래알 햇빛에 반짝이는데
뛰어노는 아이들이 하나도 없다

꽃 피고 새가 울고
따스한 봄볕이 쨍쨍하면
온 세상에 봄이 오는 줄 알았는데

자연의 따뜻한 봄기운에도
세상에는 여전히 차가운 기운이 남아 있는
역병으로 멈춘 기이한 봄의 풍경

* 2020. 5. 1. 코로나의 어느 봄날

가을 스케치

가을바람에 가볍게 흔들리는 창문
어두워지는 하늘에 두둥실 구름
이사 올 때 모습 그대로의 앞산 실루엣

나무 베어 낸 휑한 산비탈
그림처럼 남은 몇 그루 소나무
옛 자리를 지키고 있는 구불구불한 길

여기저기 흩어져 있는 농가 지붕들
차 한 대 지나가는 개울의 콘크리트 다리
황금빛으로 누운 들판의 벼

바람에 집 주변 서성이는 나뭇가지
작별 인사 하듯 손 흔드는 나뭇잎들
큰 키 돋우며 흔들리는 코스모스 꽃

누렇게 변해 가는 텃밭 채소들,
한창때의 생기 잃어 가는 잔디 마당
두런두런 이야기하는 두 사람

* 2020. 10. 4. 양평 전수리에서 추석 연휴 끝 날에

겨울나무 1

나뭇잎 다 떨구고
하늘로 내린 뿌리처럼,
모든 가지를 가지런히
하늘로 뻗은
겨울나무는 아름답다

다음 생에 필요한
최소한을 남기고
균형 잡힌 모습으로
하늘을 향해 당당하게
양손을 벌리고 있다

때가 되면
모든 것 두고 가는데
나는 언제나
하늘을 향해
빈손을 활짝 펼치게 될까

* 2018. 1. 20. 양평 전수리에서

겨울나무 2

차가운 바람을
당당하게 맞으며

몇 가닥의 나뭇가지로
하늘의 여백을 품는 여유

꽁꽁 얼은 땅에
뿌리를 딛고 서서

생명의 끈을 놓지 않는다
땅이 풀리는 그날을 기다리며

* 2020. 12. 20. 양평 전수리에서

겨울 숲속 풍경

겨울 숲속
하늘로 뻗은 빈 나뭇가지들

보이는 것들과
보이지 않는 것들

드러난 존재의 쓸쓸함과
드러나지 않은 존재의 풍요로움

드러난 사람들의 겉모습
드러나지 않는 경험, 지혜, 꿈, 고뇌

존재의 겉모습과 의미를 생각하는
숲속 겨울 풍경 산책

* 2018. 2.

봄날은 간다

학교 가는 가로수 길
파란 하늘을 배경으로
환하게 꽃망울 터뜨린 벚꽃이
세상을 온통 연분홍으로 물들인다

가벼운 봄바람 부는 아침
학교 가는 아이들 머리 위로
하롱하롱 벚꽃잎이
찬란한 꽃비 되어 흩날린다

며칠 후 문득 보니
찬란했던 벚꽃은 홀연히 다 사라지고
반짝반짝 싱싱한 나뭇잎들이
학교 가는 길을 온통 초록으로 물들인다

아~~
벚꽃은 그렇게
싱싱한 녹음을 남겨 두고,
가장 아름다울 때

홀연히 떠나갔다

가장 아름다울 때
가장 화려하게 떠나는
자연의 뒷모습은
얼마나 아름다운가

언제 떠났는지도 모르고
언제까지 아쉬워해야 하는지도 모르는
벚꽃 환하게 피었던
내 청춘의 봄날들

* 2021. 5. 5. 아파트 단지 안에서

여름날의 추억

내가 중학교 때이던가? 여름방학 때,
시골 큰어머니 집 사랑채 툇마루에 앉아 있는데
집 안과 집 주변에는 아무도 없는데
쏴아~~ 쏴아~~
장대비만 굵은 발을 쳐 놓은 것처럼
들판 온 가득 내리고 있었다.
나는 장대비의 장엄함에 압도되어
하염없이 멍때리며 바라보던 기억.

우리 애들이 초등학교 들어갈 때쯤 어느 여름,
성경 공부 하던 부부성경팀 모임으로
동대문에서 장사하던 ○ 집사네 식구와
부부가 초등학교 선생님이었던 ○ 집사님네 식구와
저녁 황혼 무렵 서해 꽃지해수욕장에서
얕은 바닷가에서 첨벙거리며 놀고 있는데
석양에 반짝이는 보리새우 떼가 갑자기 몰려와
온몸에 달라붙어서 북새통을 치며 즐겁게 놀던 기억.

우리 애들이 포항에서 초등학교 다니던 시절에,

무더운 바닷가 여름 더위를 피해서
○ 교수님네 아이들과 텐트를 가지고
청송 주왕산 개울가에 자리 잡고
흐르는 개울물에 된장을 풀은 어항을 설치해서
버들치인지 은어인지를 잡아서
라면 끓을 때 넣어서 맛있게 먹었는데,
나중에 보니 주왕산 버들치는 천연기념물이라
잡으면 벌금을 내야 한다고 해서
쉬쉬거리며 한참을 깔깔거리며 놀던 일.

여름이면 영화의 한 장면처럼
생생하게 생각나는
아련한 젊은 시절의 추억.

* 2023. 2. 4.

언제나 그 자리에 있는 것들

짙은 색깔의 앞산
산자락의 집들
주변의 나무들
구불구불 산길
그리고
푸른 하늘의 흰 구름

들판의 논과 한적한 가로수 길
작은 하천
하천 변의 소나무, 밤나무들
길가의 풀과 들꽃
스치는 바람
그리고
고요함과 한적함

* 2023. 1. 25. 양평 전수리에서

마술 상자

나무들이 가지에서
끊임없이
연두색 잎과 희고 화사한 꽃을 꺼내고 있다.

마술 상자에서
끊임없이
빨간 장미와 흰 비둘기를 꺼내듯이

봄날에는
온 산과 들판이
모두 신비한 마술 상자다

* 2024. 4. 5.

봄의 끝자락

메말랐던 벌판
상전벽해(桑田碧海)로 바뀌고,

어느 날 문득
들판엔 갓 심은 모들의
서툰 열병식(閱兵式).

겨우내 푸르던 보리밭엔
어느새
훌쩍 자란 보리들의
황금빛 서성임.

아카시아 흰 꽃
온 산 환하게 밝히며
코끝 찡하게
봄의 환희 외칠 때,

산 너머 능선에선
잠든 영혼 깨우는

뻐꾸기의
투명한 산울림.

살면서
매번 봄을 맞고 보내지만
마냥 봄의 끝자락에 와서야
봄이 왔었음을 깨닫는 나는,

인생의 의미도
세월 다 지나고 나서
깨닫지는 않을는지.

* 2000. 5. 26. 한동대에서 늦은 봄에

밤의 노래

(1)

별이 빛나는 하늘에게 나는 물었네,
신은 인생을 뭐라 하시는지

하늘은 내게 조용히 대답했네,
오로지 반짝이는 별빛으로.

어둠 속의 산에게 나는 물었네,
그 밑에 반짝이는 집들이 있는 산에게

산은 내게 조용히 대답했네,
어두운 나뭇잎들의 흔들림으로.

(2)

광활한 우주에
드넓은 자연에

반딧불처럼 깜박이는
작은 영혼의 불꽃이라고.

그 작은 영혼의 불꽃 속에
하늘에 보이는 별들만큼

반짝이는 많은 이야기가 들어 있는
영혼의 불꽃이라고.

* 2022. 7. 30. 사라 티즈데일의 「아말피의 밤 노래」를 읽고 학교에서

3부

사색

삶이 우리에게 기대하는 것

우리는 삶에게 무엇인가를 기대하지만
삶이 우리에게 기대하는 것은,

세상에서 유명한 사람이 되거나
부자가 되는 것이 아니라

주어진 삶을 받아들이고
어려움이 와도 한 걸음씩 견디어 나가고

삶이 외로운 것 같을지라도
주변 사람들과 사이좋게 살라는 것이다

* 2020. 9. 11.

달팽이의 외출

(1)
의식 속에 움트고 있는 '나'는
현실 속에 사는 내가 아니다
아니, 아니어야 하는 것으로 되어 있다.

현실 속의 나는,
의식 속의 나와 왜 다른 모습이어야 할까
조심히 내미는 나의 모습은
우스워~ 눈물이 핑 돌 정도로

가만가만 주위의 사람을 살펴보면
우스워~
신비스러울 정도로
제각기 잘도 살아가고 있어

딱딱한 껍질 속의 '나'야 나와라
얼굴도 한번 보고, 손도 잡아 보자꾸나.

육과 혼의 존재

그리고 또 그 무엇의 존재
실존의 존재이면서도 아주 무한히
영원까지 열려 있는 영혼의 존재

그 영원의 영역이 간발의 차이로 느껴질 때
나는 인생의 신비함과 경이로움에 사로잡힌다.

(2)
터질 듯 떠질 듯 뭉클한 그런 실존들이
용케도 그럴듯한 껍질들을 구했다

그 껍질 속에서 감히 다 나오지는 못하고
얼굴만 내밀고, 그것도 아주
코빼기만 내밀고는 떠들어
쾌활하게, 즐겁게……

그 내민 코빼기에 나비넥타이를 하고
그럴듯한 장식을 하고 자랑을 한다.

어떤 달팽이는 껍질이 너무 커서
그냥 빠져나오려고 해
그러면 억지로 숨을 몰아쉬고
안 빠져나오게 배를 키우고 몸을 불린다

그러고는 다시
예쁜 나비 장식의 코빼기만 드러내곤
빠질 뻔한 자신의 모습에
안도감을 머금은 미소를 띤다

자신이 미소를 띠었다는 생각에
여유를 보였다는 작은 기쁨을 느끼며……

(3)
맑은 물속에 투명한 햇빛이 비칠 때는
전부들 없어, 어디로들 사라진 것일까
신비한 정적과 고요가 반짝일 뿐이다

깊은 곳에서 반짝이는 모래알은
출렁이는 햇살의 물결
투명함은 모든 것을 백일하에 드러내지만

그 뭉클함 속에 있는 기관(器官)에는
온통 체액과 분진으로 가득하고
그 분진이 모여 모여 하나의 생명이……

그 생명들은 자신 속의 더러움과
맑은 차가움의 찰나 속에서 졸도한다.

한 가닥 검은 구름이 태양을 가리고
망토 같은 그림자가 대지를 덮을 때

약간의 파란과 설렘으로 물은 동요하고
가라앉은 작은 분진들은
비로소 브라운 운동을 하고
그 속에서 생명은 새로운 호흡을 한다

그리하여 자신 속의 끈끈한 체액과
떠도는 분진을 교환하고
그 더러움의 교환으로 신진대사를 하며
생명들은 성장하고 또 생을 이어 간다.

어느 누가 이 분진을 잠재우며
어느 누가 이 필연의 신진대사를 막을 수 있는가
이 생명들은 분진 속에서 살아야 하는 것을……
허나, 분진은 역시 분진

태양과 맑은 물과 차가운 정적의 신선함은
역시 또 하나의 진실
어느 누가 이 진실을 거부하며,
어느 누가 이 신선함을 부정하리오.

뭉클대는 검은 체액과 투명한 물과의 교환은
소름 끼치고 두려운 일

하지만 얼마나 시원하고

쌓였던 두통과 숨 막힘이 해소되는
상쾌함의 순간인가?
아! 생명의 신비, 삶의 신비함이여.

(4)
오늘 한 달팽이는
차가운 물 한 모금 가슴 깊이 삼키며

호흡 때마다 내뱉게 되는 분진을
조금씩 조금씩 머금고
미간을 간지럽히는
약간의 불쾌감을 참는다.

그리고 깊이 들이쉰
한 모금의 신선함을 아끼며 아끼며,
한 오라기 명주실 뽑듯 아스라이 뱉어
또 다른 작은 파장과 분진을 일으킨다.

차갑고 투명한 물과 뜨뜻한 혼탁의 체액 사이의
얇은 세포막의 기막힌 대비를 전율하며
하지만, 몸은 껍질 깊숙이 넣고
예쁘장한 코빼기만 내밀고서

이 달팽이
오늘도 여유작작 나들이를 간다나

* 1983. 대학원 2학년 때 초안, 2002년 우연히 발견하고 탈고함.

의(義)의 길

"내가 너를 지명하여 불렀나니
너는 내 것이라"
말씀 하나 붙잡고 찾아온 광야

홍해의 기적, 마라의 샘물
맛보았지만
세상 모진 바람 맞서 나가는 거친 길
고통과 아픔으로 눈물 흘리며
무릎 꿇을 때도 있었네

하지만, 네가 지금까지 오고
또 가야 할 길은
육신의 평안, 세상 명예 위한 길 아니요
주님이 가라시며
네가 또한 선택한 의(義)의 길

가는 길이 비록 힘들지라도
영광의 주님이
항상 동행하시리니

늘 새 힘을 얻으리로다

* 1998. 11. 한동대 제1기 졸업생을 보내며

방황(彷徨)

태풍 쓸고 간 들판의 황량함
가슴 깊이 드리워지는 공허(空虛),
손발 저려 오는 옥죄임
깊이 추락하는 영혼의 아득함

이상 실현에 대한 순박한 믿음
흔들리는 이상?
감상적 낭만주의자?

공고(鞏固)하지 않은 인식과 체제
깊은 깨달음 없는 구호(口號),
일상적 생활의 분주함
희미한 안개 속의 속보(速步)
허공을 내딛는 발걸음질

덧없는 감정의 부유(浮游)
주변을 맴도는 의식(意識)
닫힌 영혼의 마음,
낮게 드리워진 먹구름

흔들리는 존재감

희미하게 보이는,
바라는 것들의 실상
보이지 않는 것들의 증거,
- 자리 박차고 일어날 통찰(通察)의 부재

지그시 감는 두 눈
침잠(沈潛)하는 구도자(求道者)
무릎 꿇는 인간 실존(實存)

* 2000. 9. 22. 혼란기의 한동대에서

하이델베르크 강가에서

독일의 고도 하이델베르크 강가에서
망중한을 보낸다.

멈추어 있는 파란 하늘의 흰 구름
바람도 숨죽인 듯 멈추고
햇빛만 따사롭다.

천천히 멈추어 선 네카르(Nekar) 강물 위로
여객선이 여유롭게 흐르고
먼 길 가는 화물선 옆으로
흰 새들만 간간히 자맥질한다.

카를 테오도르(Karl Theodor) 다리 위의 사람들은
삼삼오오 모여
강물 위로 반짝이는 웃음을 날린다.

잔잔히 흘러가는 물결 위로
지나온 내 인생의 장면들이
천천히~

하나둘 흘러간다.

"아~, 나는 뭘 그리도 바쁘게 살았던가"

외국의 한적한 옛 마을의 강물이
인생은 그렇게
천천히 흘러가는 것이라고 이야기한다.

* 2014. 4. 22. 안식년, 유럽 여행 중에

찬란한 가을

초록은 동색이라고
왕성하게 성장하던 시절
여름 산의 나무들은
비슷비슷한 초록으로
온 산을 뒤덮더니만,

찬 바람 부는 가을이 되니
나무들이 제각기
제 고유의 색깔을 드러낸다.

노란색, 연두색, 갈색,
고동색, 주황색, 빨간색……
그리고 여전히 초록색

튀는 듯 원색이지만
묘하게 주변과 어우러지는 찬란한 원색으로,
온 산 가득가득
수채화로 번져 간다.

잘나가던 젊은 시절
바쁘고 분주했던 인생의 여름 시절
제 색깔 감추고 모두들
초록은 동색으로 살아가더니,

인생의 가을을 맞이하는
중년의 친구들은
제각기 개성과 인생 여정이 묻어나
자기 고유의 화려한 삶의 색깔들이
서서히 드러난다

자연의 가을 산은 화려한 원색으로
또 내년을 기약하지만,
한 번뿐인 우리네 인생의 가을은
찬란한 단풍 색으로
마음속에 영원히 남아 있으리.

* 2015. 11. 18. 부산 가는 KTX에서

시간 여행

모든 것이 철길 옆을 지나간다
가까이 있는 나무는 빠르게 지나고
들판은 천천히 뒤로 흘러가는데
산은 저 멀리 멈추어 있다.

열차 안 시간은 멈춰 있는데
열차 밖의 시간은 빠르게
혹은 천천히
자기 속도로 제 길을 간다

세월이 간다
어제는 빨리 스쳐 지나갔고
한 달 전은 이미 어디로 사라졌는데
오랜 옛 기억은 멀리 멈추어 있다

아내 암 투병 하던 4년의 시절
고통의 하루는 그리도 안 가더니만
세월이 지나니
그 기억도 저만치 희미해져 간다

주변에 있는 모든 것이 지나간다
빠르게 또는 느리게
또는 멈춘 듯

나의 인생도 지나간다.
빠르게 또는 느리게
또는 멈춘 듯

* 2017. 8. 4. 천안 가는 KTX에서

어떤 장군

매스컴에 알려진 어떤 장군
한 국가 군대의 최고의 수장
주요 국방정책을 결정하고
고도의 무기체계와 작전을 논의하고
수많은 군인의 사열을 받고
주요 지휘관의 보직을 명령한다

새로운 군주 시대의 왕
집안의 군주
모든 집안일은 수족으로 부리는
병사에게 지시하고 부리고
군대에 들여온 노예제도
그곳에서 가족은 신군주 시대 왕족으로 산다

교회에서는 존경받는 장로
열심히 예배에 참석하고
주일 헌금하고 십일조도 하고
때로는 새벽기도에서 간절히 기도하고
많은 사람들과 우아하게 인사한다

개인적인 일상에서는
배려보다는 자기중심적 사고
규정에 없는 지시와 명령
비인격적 행태
무너지는 인식 체계

어떤 모습이
그 사람의 진정한 모습일까?
어떤 모습이
진정한 크리스천의 모습일까?
어떤 삶이
진정한 그 사람의 삶일까?

* 2017. 8. 7. 매스컴의 뉴스를 보고

큰 목소리

이미 마음을 비운 사람은
큰 욕심이 없다

이미 행복이 무엇인지를 아는 사람은
큰 불행은 없다

이미 가슴 아픈 이별을 해 본 사람은
큰 흔들림이 없다

이미 죽음의 의미를 경험한 사람은
큰 두려움이 없다

이미 인생의 다양함을 생각해 본 사람은
큰 목소리를 내지 않는다

큰 목소리는
마음의 문을 닫히게 한다

* 2018. 1. 31.

살아 보니
— 내가 나에게

인생 60을 살아 보니
세월은 흐르는 강물처럼 흘러가더군

하늘나라 먼저 가는 사람을 보니
갈 때는 모든 것 두고 가더군

주어진 삶을 열심히 살다 보니
인생을 뒤돌아볼 여유도 생기더군

인생을 천천히 뒤돌아보니
내 안의 내가 둥글어져 있음을 알겠더군

* 2018. 1. 30.

오늘 같은 내일

거대한 세상은
오늘도 어김없이
활기차게 돌아감에 감탄하고,

세상 속에
오늘도 가야 할 곳이 있고
만나야 할 사람이 있음에 감사한다.

삶을 이해하고
더 많은 것을 느끼고
그중의 몇은 가슴에 남기고 싶고,

오늘 같은
내일을 또 기약하는
살아 있음의 기쁨을 누린다.

나는 알고 있다
오늘 같은 내일이
어느 날 문득 오지 않을 수 있다는 것을

* 2018. 2. 27.

상실의 축복

때가 되면,

모든 것을 두고 간다는 것을
깨닫는 순간

삶의 무게는
가벼워졌고

삶의 의미는
소중해졌으며

마음은
자유로워졌다.

* 2018. 3. 7.

인간관계의 신비

세상을 이해한다는 것은
앎의 주체와 대상을 구분하는 일

존재의 이원화, 객관화.

앎의 주체인 나는 누구인가?
내가 나를 모르는데, 네가 나를 알겠느냐

존재의 신비성, 모호성.

네가 한 사람을 안다고?
그가 살아왔고 경험한 세계를 이해한다고?

관계의 원격성, 분리성.

한 사람을 제대로 안다는 것은
다른 세계의 삶, 다른 우주를 이해하는 일

인식론적 불가지론, 한계성.

한 사람을 사랑한다는 것은
다른 세계의 삶, 다른 우주를 가슴으로 품는 일

두 우주의 연합, 인식론적 확장성.

사랑은 인식의 한계를 뛰어넘는
관계의 오묘한 교향악

인간관계의 신비성, 초월성.

* 2018. 9. 15.

세상 속의 원

우리는 모두
자신을 중심으로 돌아가던
작은 원 안의 세계에 살다가,

점차 세상 속에서 다른 사람들과
다양한 동심원을 만들며 살아가게 된다

어떤 이는 살아가면서
자기가 만나는 사람들을
원 밖으로 자꾸 밀어내고,

작아진 자기 원 안에 갇혀서
불평하고 손가락질하며 산다

어떤 이는 살아가면서
자기와 만나는 많은 사람을
자기 원 안으로 끌어들이고,

넓어진 원 안에서
미소 짓고 어깨동무하며 산다

* 2018. 9. 22.

여행의 즐거움

인생은 여행
우리는 여행자

여행의 목적은
목적지에 도착하는 것이 아니고

낯선 여행지의 길을 걸으며
많이 보고, 느끼고, 즐기는 것

여행의 과정을
충분히 즐기지 못한 사람은

여행을 다 마쳐도
행복하지 않다

* 2018. 9. 9.

깨달음

가까운 사람을 떠나보내고 나서야
살아 있음과 삶의 의미를
생각해 볼 수 있었다

부재의 실체를 경험하고 나서야
인간 실존의 의미를
깨닫게 되었다

* 2018. 9. 24.

미래에 대한 걱정

우리는 이전보다 오래 산다
그래서 사람들은
은퇴 후 미래에
무엇을 하며 살 것인지 걱정을 한다

우리의 관심은 현재 이곳에서
어떻게 살아갈까보다는
다가오지 않은 미래로 가서
부질없는 상황을 걱정한다

그때가 되면
우리는 또,
아직 다가오지 않은 미래를
걱정하고 있지는 않을는지

* 2018. 9. 26.

상처

요즈음은 사람들에게
크게 상처받는 일이 없다
가끔은 상처받게 하는 일도 있지만
살면서 보니 다 지나가더라.

아주 먼 옛날 상처받았던 일들도
세월을 지내고 보니
지금은 흔적도 남아 있지 않고
나에게 추억이 되는 상처였더라.

상처 없는 인생이 어디 있겠는가
오히려 마음속 상처의 딱지는
다른 사람들의 고통을 이해하게 하고
어려움을 견디게 하는 삶의 나이테가 되더라.

* 2018. 9. 28.

온 마음을 다 담아서

춤추라,
가락에 몸과 마음을 실어서

사랑하라,
네 마음과 정성을 담아서

노래하라,
영혼의 운율과 가락에 취하여

일하라,
일 속에서 삶의 기쁨과 의미를 찾으며

살라,
오늘을 즐기며 감사하며.

* 2018. 9. 28. 알프레드 디 수자의 시 운율에 맞추어, 대구 가는 KTX에서

삶의 방식

세상을 어느 정도 살면서 보니
사람들이 살아가면서 경험하는
삶의 문제와 고민은
다 비슷비슷하더라.

세상을 어느 정도 살면서 보니
사람들이 그것을 받아들이고
처리하는 삶의 방식은
천차만별이더라.

* 2018. 9. 29.

우리가 설명하지 못해도

빛이 언제부터 존재했는지
어떻게 우리에게 오는지
당신에게 설명해 줄 수는 없지만,

오직 내가 아는 것은,
우리가 상상하는 것보다
아주 오래전부터 있었고
놀라울 정도로 광대한 곳을 지나
이동해 왔다는 것이다.

빛은 생명을 향한 애정을 가지고
생명이 되기 위한 자신만의 방식으로
만물의 흔적을 찾아
우리가 보지 못하는 어두운 속까지
생명을 찾아간다

빛이 비추니
어두운 땅 밑에서 새싹이 솟아나고
꽃들이 세상을 환하게 밝히고

나비가 화려한 춤을 추며
새들이 창공을 날기 시작했다.

빛이 비추니
쉼 없이 흐르는 투명한 시냇물도
물속에서 반짝이는 작은 돌들도
산 정상의 큰 바위들도
비로소 존재의 의미를 드러내게 되었다.

빛이 언제부터 존재했는지
어떻게 우리에게 오는지
당신에게 설명해 줄 수는 없지만,

그러나 우리가 설명할 수 없어도
빛은 언제나 오고 있었고
앞으로도 그럴 것이다.
모든 생명의 근원으로
모든 만물의 존재 의미로.

* 2019. 8. 17. 『힘들 때 시』 시집을 읽고

인생의 꽃

모든 생명은
각자
꽃봉오리를 갖고 있다

모든 꽃은
우주의 절기에 맞추어
온 힘을 모아 꽃으로 피어난다

모든 사람은
각자
꽃봉오리를 갖고 있고,

인생의 꽃은
자신의 삶을 받아들이고
세상과 교감할 때 꽃으로 피어난다

* 2020. 9. 11.

부재의 의미

한 사람을 떠나보내고
부재의 의미를 알게 되었습니다.

부재란 어느 한 부분이
없어지는 것이 아니고

세상 전부가 사라지고
존재의 의미가 달라진다는 것을.

부재의 실체를 경험하고야
삶의 의미를 알게 되었습니다.

부분이 있으므로 전체가 있고
부분이 있으므로 세상이 완성된다는 것을

어느 한 부분이 사라지면
온 세상이 사라진다는 것을.

* 2020. 10. 17.

오늘이 그리울 것이다

현재의 상황에
너무 집착하지 말자.

떠나고 나서 보면
그냥 지나가도 좋은,

별 의미 없는
부질없는 것일 수도 있고,

쇠잔하게 말라 가는
추억의 한 장면일 수도 있다.

망각이 있어서
나는 오늘을 살아간다.

망각이 있어서
나는 오늘이 그리울 것이다.

* 2020. 12. 31. 코로나 상황의 연구실에서

새로운 여행
— 은퇴쯤에서

인생은 여행이라는데
나는 이곳에
꽤 오래 머물렀다.

지금까지
정해진 길을 따라왔고
이 길의 끝이 보이는데,

나는 이곳에
마음의 닻을 내리고
영 떠날 생각을 하지 않는다.

지금까지 왔던 길에 대한
미련을 버리자
가벼워진 마음으로 길 너머를 보자.

어디로 가야 할지 모를 때
진정한 여행이
시작된다 하지 않았던가.

* 2021. 1. 4. 새해 첫 출근 날

가던 길 멈추고

인생은 여행이라는데
목적지를 향해
앞만 보고 걸어왔네

열심히 걷다 보니,
목적지에 다가오는 듯한데
아직도 앞만 보고 열심히 걷고 있네.

잠시 멈추어 지난 길을 돌아보니
가 보았던 길도,
안 가 보았던 길목들도 보이네

길에서 잠시 멈추어 옆을 돌아보니
주변에 많은 사람들이
멈추어 서 있기도 하고, 걷기도 하네

이제 좀 더 자주 멈추어 서서
지난 길도 돌아보고
주변 사람들과 이야기도 나누며 가야겠네

* 2021. 1. 5.

늦은 후회

인생을 60여 년
살고 보니

하지 않아도 될 걱정을
너무도 많이 하며
살아왔음을 알겠네

* 2021. 1. 5.

바람을 맞는 법

인생은 한 번 부는 바람처럼
이리저리 요동치며 지나가는 것

바람을 잡으려 하지 말라
잡는 순간 손안에는 아무것도 남지 않으리.

때론 언덕에 서서
부는 바람에 맞서 헤쳐 나가고

때론 낮은 곳에 엎드려
부는 바람에 흔들리며 살았나니

부는 바람의 이야기를 듣고
부는 바람의 느낌을 가슴에 품어라.

가슴에 남는 이야기들
그것이 인생이 아닐까

그리고 어느 날

가슴에 남은 그것마저도

바람에 홀연히 날려 보내는
그것이 인생이 아닐까

* 2021. 4. 26. 10분 만에 학교에서 시상 정리

흰머리 희끗할 때

그대 나이 들어 흰머리 희끗하고
소파에 앉아 꾸벅 졸게 되거든
이 시집을 꺼내 들고 천천히 읽으시기를,
그리고 한때 그대의 눈이 품었던
반짝이는 눈빛과 깊은 번민의 시절을 회상하시기를.

얼마나 발랄하고 반짝이는 많은 순간이 있었고
스쳐 지나간 사랑의 가능성이 있었는지,
그러나 어떤 이가
그대 속의 흔들리는 영혼을 사랑했고
그대의 얼굴에 스치는 불안도 사랑했었으니.

그리고 부드러운 햇빛 속으로 몸을 기울여
약간 슬프게 중얼거리시길,
추억을 어떻게 떠나보내야 하는지,
그리고 뒷동산에 올라가 이리저리 거닐며
떠오르는 기억들을 가슴속에 고이 묻어 두기를.

* 2022. 7. 27. 예이츠의 시 「그대가 늙었을 때」의 운율에 맞추어

새로운 시대

사회 정의를 부르짖던 사람들은
요란한 개념을 다 펼쳐 보지도 못하고
무대의 뒤편으로 잠시 물러났다.

자유와 성과주의를 부르짖는 사람들이
그들만의 새로운 시대를 위해서
모래성에 모여서 뻔뻔하게 목청을 돋운다.

나는 아직 모른다
우리 사회가 원하는 정의가 무엇인지
우리 사회가 원하는 새로운 시대가 어떤 것인지

* 2022. 7. 31. 학교에서

누구를 위하여 종은 울리나

누구를 위하여 사원의 종이 울리는지
알려고 하지 마라
종은 바로 그대를 위해 울리나니……

먼 훗날
그대의 부재를 알리는 종은
또 다른 그대를 위해 울릴 것이니……

* 2022. 8. 3. 존 던의 「누구를 위하여 종은 울리나」를 읽고

희로애락

기쁜 것은?
배려와 공정함

괴로운 것은?
무관심과 부당함

슬픈 것은?
무지함과 단절

즐거운 것은?
지혜로움과 나눔

* 2022. 8. 3.

혼돈 속의 여유

유럽에서는 해를 넘기며 이어지는 포격과 전쟁
건물 잔해 속에 떠는 어린이의 겁먹은 눈망울
전쟁 당사국 지도자와 국민들의 상승하는 분노

두 진영으로 나뉘어 대결하는 국가들 간의 군비 경쟁.
하늘 높은 줄 모르는 가스, 전기, 원자재 물가.
종말로 치닫는 기후 변화와 일촉즉발의 국제 정세

세상의 주도권을 빼앗으려는 강대국 간의 총력전
자국민의 이익을 지키려는 국가 간의 무역 전쟁
이러지도 저러지도 못하는 약소국의 고민과 고뇌

내 편, 네 편으로 나뉘어 벌어지는 정치인들의 싸움박질
매시간 목청 높이는 언론, SNS의 침 튀는 격론들
각박해지는 생활, 마음 둘 곳 없는 흩어진 마음,

창문 밖 세상은 차가운 냉기로 얼어 있지만,
큰 화초 사이로 들어오는 부드러운 햇살
온몸이 나른해지는 따뜻한 방 안.

방 안에 퍼지는 브란덴부르크 협주곡
커피 한 잔을 마시며 음미하는
쉼보르스카의 마지막 시집

혼돈의 세상 속에서 마음 추스르기 어렵지만
그래도 번잡한 세상을 버텨 내며
삶의 의미를 헤아려 보는 소시민의 여유.

* 2023. 2. 2.

내려놓음의 기쁨

삶은
내가 선택한 것들뿐만 아니라
선택하지 않은 것들로도 이루어진다

그럴듯한 직책에 대한 욕심을
내려놓음으로써 비로소
자유로움을 누릴 수 있었다

실제로는
내 인생에 중요하지 않은 역할 속에서
주인인 듯 착각하며 하인 노릇 하지 않고

내가 오롯이
내 삶의 주인이 되는
여유로운 휴식과 독서의 시간을 갖게 되었다.

* 2023. 1. 25. 학교에서 삶을 회상하면서

행복한 인생

자신이 원하는 일을
할 수 없는 이유를 헤아리는 사람이 있고,

자신이 할 수 있는 일을
어떤 상황에서도 꾸준히 하는 사람이 있다.

인생의 차이는
거기서 나누인다.

원하는 것을 하지 않는 불행한 인생
할 수 있는 것을 하며 사는 행복한 인생.

* 2024. 5. 15. 석가탄신일 휴일에 학교에서